Da's nou Frans!
Nederfranse tongvallen en taaltuimelingen

Nóg meer sjans met Frans!

Da's nou Frans!
Nederfranse tongvallen en taaltuimelingen

Nóg meer sjans met Frans!

Marion Everink

SCRIPTUM

Inhoudsopgave

Vooraf

Toen voorjaar 2007 *Meer sjans met Frans!* uitkwam, was de grote vraag hoe het ontvangen zou worden. Is er in Nederland een markt voor boeken over de Franse taal? Leeft het Frans genoeg onder Nederlanders? Gelukkig is dat wel degelijk het geval en *Meer sjans met Frans!* was vanaf het begin een groot succes. De gemakkelijk leesbare verhaaltjes over de Franse taal en cultuur, waarvan je ook nog iets kunt leren, spreken de lezer 'die iets met Frankrijk heeft' duidelijk aan, zeker ook door de frisse opmaak en de vrolijke cartoons van **Djanko.** Wanneer komt deel 2? werd me regelmatig gevraagd. Zoveel positieve reacties moedigden me natuurlijk aan om een vervolg te schrijven. Het is *Da's nou Frans!* geworden, met als ondertitel *Nederfranse tongvallen en taaltuimelaars. Nóg meer sjans met Frans.* Ik hoop dat ik er opnieuw in geslaagd ben een boek te schrijven, waarin het plezier beleven aan die moeilijke, maar o zo prachtige Franse taal voorop staat. En dat het verbeteren van je Frans niet hoeft uit te sluiten dat er ook nog iets te lachen valt, al is het dan soms om je eigen fouten ...

Wil je meer weten of reageren, kijk dan op mijn website
www.marioneverink.eu

Marion EVERINK, *voorjaar 2008*

Inleiding

Toegegeven, wanneer je Frans moet praten kom je een heel eind met *le système-D*, dat wil zeggen het systeem *débrouille* of *démerde*, wat je zou kunnen vertalen met 'ik red me wel, ik praat met handen en voeten'. Maar geeft het niet een veel beter gevoel wanneer je in Frankrijk echt kunt meepraten? Wacht liever niet totdat de Fransen hun talen beter beheersen. Want dat kon wel eens zijn *quand les poules auront des dents*, wanneer de kippen tanden hebben, oftewel *à la saint-glinglin*: met sint-juttemis. Wil je je Frans verbeteren, ga dan maar liever zelf aan de slag. **Da's nou Frans!** kan je daarbij een handje helpen.

Als je op een paar eenvoudige regels let, klinkt je Frans al direct een stuk beter. Want elke buitenlander heeft zijn eigen specifieke taalproblemen ten opzichte van het Frans. En de Nederlander heeft de zijne. Wij spreken wat je zou kunnen noemen 'Nederfrans' en zijn te herkennen aan de typische Nederlander-fouten die we maken. Het slordig door elkaar gebruiken van 's' en 'z' of 'f' en 'v' bijvoorbeeld. Wanneer je in het Nederlands 'zeggen' uitspreekt als 'seggen' en 'blijven' als 'blijfen', begrijpt iedereen nog steeds wat je bedoelt. Maar in het Frans kun je dit niet ongestraft doen. Zo is *le poisson*, uitgesproken met een 's', de vis en *le poison* met één 's', die wordt uitgesproken als 'z', vergif!

Stel dat een Fransman je een foto laat zien en je wilt vragen 'bent u dat?'. Zeg dan *c'est vous?* met een 'v' die je uitspreekt als onze 'w'. Want *c'est fou* is een veelgebruikte uitdrukking die je kunt vertalen met 'waanzinnig!'. Iets heel anders dus ... Uit de context zal men heus wel begrijpen wat je bedoelt, maar uitspraakfouten worden heel storend gevonden. Zo zeggen Nederlanders in plaats van electricien vaak 'elektri-schien'. In het Frans klinkt dit als een 'elektrische hond'.

Ook een typisch struikelblok voor Nederlanders is het geslacht van zelfstandige naamwoorden, of het 'le' of 'la' is dus. Net zoals de Engelsen trouwens, hebben wij er weinig gevoel voor en maken er veel fouten mee. En omdat het geslacht van een woord ook doorwerkt in de rest van de zin, klinkt ons Frans al gauw stuntelig. Op een correcte manier te zeggen *je voudrais deux baguettes bien cuites* (ik had graag twee goed doorgebakken baguettes) veronderstelt dat je weet dat *la baguette* vrouwelijk is.

En wat dacht je van die ingewikkelde *subjonctif*, de aanvoegende wijs, die wij in het Nederlands (bijna) niet kennen? Bijvoorbeeld *je voudrais qu'on y aille* en niet '*je voudrais qu'on y* **va**' - ik zou willen dat we erheen gingen of *avant que tu le saches* en niet '*avant que tu le* **sais**' - voordat je het weet. Duitsers hebben met de *subjonctif* minder moeite, omdat die ook in hun taal veel voorkomt.

Pure grammatica zul je in **Da's nou Frans!** overigens weinig aantreffen. Daarvoor bestaan andere boeken. Maar er blijven nog genoeg typisch 'Nederfranse tongvallen en taaltuimelaars' over. Net zoals in **Meer sjans met Frans!** geef ik ook nu weer veel voorbeelden van zogenaamde valse vrienden, of *faux amis*. Het zijn woorden die in het Nederlands en het Frans hetzelfde klinken en vaak ook hetzelfde worden gespeld. Je zou dus zeggen dat ook hun betekenis hetzelfde is, maar dat is vaak niet het geval, een regelrechte bron van misverstanden. De Fransen verstaan onder *un bungalow, un compas* en *un régisseur* iets anders dan wij. Kom je met Fransen over het Nederlandse landschap te spreken, zeg dan niet te vaak achter elkaar 'koeie, koeie, koeie ...' want *couilles* in het Frans klinkt precies hetzelfde, maar betekent 'ballen' in vulgaire zin. 't Is maar dat je het weet.

Ook komen er de nodige Franse gezegden en uitdrukkingen aan de orde. Het zal vast indruk maken als je plotseling op de proppen komt met *excusez-moi, j'ai un chat dans la gorge* - sorry, ik heb een kikker in mijn keel, *je trouve cette montre un peu trop bling-bling* - ik

vind dit horloge wat te opzichtig of *ça sent pas la rose ici* - het ruikt hier niet echt fris.

Af en toe maak ik een uitstapje naar het Engels en het Duits, want het juiste Franse woord proberen we ook wel eens te vinden via andere talen, wat soms een goed idee is, maar meestal niet.

Het klinkt tegenstrijdig, maar met dat de Fransen meer hun best doen om Engels te leren, nemen de taalmisverstanden toe. Want de Fransen spreken het Engels belabberd uit. Voor een hele reeks voorbeelden verwijs ik graag naar *Meer sjans met Frans!* Daarnaast zijn ze ook nog eens zo eigenwijs om Engelse woorden te verfransen. Bij de kapper kun je de vraag krijgen of je een *un shampooing* (uitgesproken als 'scham-poeang') wilt of een *un brushing* ('broshienk'). Nog afgezien van de uitspraak heeft dit met correct Engels natuurlijk niets te maken. Maar het kan nog erger: Fransen spreken rustig van *un jean* (een spijkerbroek) en *un people* in het enkelvoud. Met *un people* wordt 'een bekende Fransman' bedoeld. En om de verwarring compleet te maken: de spelling wordt ook nog eens verfranst: *un pipole*.

Deze en andere Nederfranse taalproblemen komen ook in *Da's nou Frans!* weer in tien anekdotische verhaaltjes aan de orde, aan de hand van thema's uit het dagelijkse leven. Ik heb geen volledigheid nagestreefd, over elk onderwerp valt zeker nog veel meer te vertellen. Franse woorden en uitdrukkingen zijn cursief getypt. Wanneer het gaat om een foutief geschreven of uitgesproken Frans woord, staat het cursief getypte tussen aanhalingstekens (maar aanhalingstekens worden ook voor citaten gebruikt). Nederlandse vertaalde begrippen staan tussen aanhalingstekens, maar deze worden ook hier voor citaten gebruikt.

Om het gebruik van het phonetische alfabet te vermijden, heb ik de uitspraak van woorden zoveel mogelijk geprobeerd na te bootsen. Dit vraagt enig creatief meedenken van de lezer!

Aan het einde is een uitgebreide woorden-index opgenomen.

DE ROZEN STONDEN iETS TE LANG in DE VAAS...

1. In Frankrijk staat een huis

Op zoek naar een eerste of tweede huis in Frankrijk? Pas dan op valse vrienden onder *les agents immobiliers* (makelaars) én in het huizenjargon. Zie je *un bungalow* te koop voor een habbekrats, denk dan niet dat je je slag kunt slaan! Want de Franse *bungalow*, uitgesproken als 'bongalo', is een klein (vakantie)huisje op het land. Het heeft niets te maken met de Nederlandse bungalow, vrijstaand (*détaché*) of geschakeld (*jumelé*) en met als voornaamste kenmerk dat hij gelijkvloers is. In Frankrijk moet je dan zoeken naar *une maison de plain-pied*. Je blijft er als het ware met beide benen op de grond staan.

In Frankrijk kun je in *un pavillon* wonen. En dan gaat het niet om een strand- of muziekpaviljoen, maar om een klein huisje, ook wel *une maisonnette*. Wat wij in Nederland een maisonnette noemen (etagewoning met verschillende woonlagen) bestaat in het Frans niet in die betekenis.

Heel wat Fransen wonen in *une villa*, niet omdat het ze financieel zo goed gaat, maar omdat de Franse term veel breder is dan de onze. *Une villa* kan uiteenlopen van een klein eenvoudig huis tot een luxe vrijstaande villa.

Een lot uit het lotissement!

Une habitation, *un logement*, *une maison* of sjieker *une demeure* of *une résidence* (*secondaire*) zijn algemene aanduidingen voor huis, woning. En dan is er nog *le domicile*, de administratieve aanduiding voor woonplaats. Veel gebruikte uitdrukkingen zijn ook *un S.D.F.-un sans domicile fixe*, oftewel een dakloze, *livraison à domicile*, aan huis bezorgen of *travailler à domicile*, thuis werken.

Je kunt eigenaar van je huis zijn, *le propriétaire*, of je kunt het huren, dan ben je *le locataire*. In dat geval betaal je maandelijks huur, *le loyer*. Misschien woon je in *une* of *un H.L.M.*, dat wil zeggen in *une habitation à loyer modéré*: een huis of appartement met huursubsidie.

Un lotissement is een groot perceel dat meestal door een project-ontwikkelaar, *un promoteur immobilier*, wordt opgedeeld in kleinere grondstukken, *des lots* (uitspreken als 'loo'), waarop huizen worden gebouwd.

En dan zijn er nog de regionaal bepaalde huizensoorten, meestal erg in trek bij zowel Fransen als buitenlanders. Vertelt iemand je: *j'ai un chalet au fond du jardin*, dan gaat het om een simpel houten huisje achterin de tuin, voor tuingereedschap en dergelijke. In het betere geval betreft het een authentiek *chalet dans les Alpes* en word je uitgenodigd voor een weekendje skiën.

In Normandië en Bretagne vind je *la chaumière*, een landhuis met rieten dak, *un toit de chaume* en soms met buitenmuren *à colombages*, dat wil zeggen in vakwerk-stijl.

Le mas provençal is in Zuid-Frankrijk een gewild object. Oorspronkelijk was het een van steen opgetrokken boerenhoeve. Tegenwoordig zijn de meeste of totaal vervallen of omgetoverd tot luxe woonhuizen. *Une bastide*, ook Zuid-Frans, is groter en voornamer van opzet.

Help, ik zie dubbel !

Makelaars geven de grootte van een huis of appartement vaak aan met de letters T of F gevolgd door een cijfer, bijvoorbeeld 2, 3 of 4. De T staat voor *type*, de F voor *(logement) familial*, het cijfer geeft het aantal vertrekken aan. Wil je vragen hoeveel kamers het huis heeft, vraag dan *combien de pièces?* en niet *combien de chambres?* Anders zijn misverstanden over de grootte van het huis

niet uitgesloten. *Une chambre* is voor de Fransen namelijk een slaapkamer en niets anders. Ieder vertrek heeft zijn eigen naam en daar moet je je precies aan houden! De woonkamer - *le salon* of *le séjour*, de eetkamer - *la salle à manger*, de badkamer - *la salle de bains*, het rommelhok - *le débarras* en de bijkeuken (voor de was) - *la buanderie*.

De makelaar wijst op de ramen en zegt: *c'est du double vitrage*. En dat terwijl er helemaal geen vitrage voor de ramen hàngt, laat staan dubbel! Helaas, er is weer eens sprake van een valse vriend: het huis heeft dubbele beglazing. Wat wij vitrage noemen, is voor de Fransen *les rideaux (de vitrage)*.

Moet je erg nodig naar het toilet? Vraag dan naar *les toilettes*, alweer een 'dubbel' woord, maar het gaat om één toilet. *La toilette* in het enkelvoud is 'zich wassen', 'optutten': *faire sa toilette*. Misschien zegt men tegen je: *Je vous montre les doubles W.-C.* Hè, een dubbele WC? Je ziet er toch maar één! Nee, ga niet aan je gezichtsvermogen twijfelen, dit keer zit het misverstand niet alleen in de meervoudsvorm (*les W.-C.*), maar ook in de uitspraak van de letter 'w': *double v.*

Nog een ander woord voor hetzelfde verblijf is *les cabinets*, alweer een meervoudsvorm voor slechts één 'klein kamertje'. Niet te verwarren met *le cabinet* in het enkelvoud, want dat is het kantoor van vrije beroepsbeoefenaren (bijvoorbeeld de notaris of de arts). En om het ingewikkeld te maken: *le cabinet de toilette* (tweemaal enkelvoud) kan weer wél om een kleine badkamer aan te duiden (ook *la salle d'eau*) of een toilethokje (op de camping bijvoorbeeld).

Ook in Frankrijk staat het natuurlijk veel netter om te vragen waar je je handen kunt wassen: *où est-ce que je peux me laver les mains, s'il vous plaît?* Zo hoef je ook niet meer na te denken over al die ingewikkelde enkelvoud- en meervoudsvormen.

Broeikaseffect!

C'est formidable, la maison a une serre ! Op deze enthousiaste uit-roep zal de makelaar je waarschijnlijk niet-begrijpend aankijken. Want *une serre* is voor de Fransen een broeikas. Het tegenwoor-dig zo actuele broeikaseffect heet, verrassend eenvoudig, *l'effet de serre*. Je bedoelde natuurlijk die gezellige glazen uitbouw van het huis, maar dat is *une véranda*. En onder veranda verstaan wij Nederlanders dan weer een overdekt terras rond het huis.

Heb je een oud stadshuis uitgezocht, met een trap omhoog naar de voordeur? *Venez, on va monter sur le perron.* Stopt er soms een trein vlakbij? Nee, het Franse *perron* is wat wij een bordes noemen. De Koningin poseert er met het nieuwe kabinet. En **Sarkozy** verschijnt er ook regelmatig. *Le président recevait la famille des victimes sur le perron de l'Elysée* - de president ontving de familie van de slachtoffers op het bordes van het Elysée, lees je dan in de krant. En de plaats waar je in Nederland op de trein wacht, op het perron dus, is in het Frans *le quai*. Dit woord kan overigens ook kade betekenen, bijvoorbeeld *les quais de la Seine*.

Als de koop eenmaal gesloten is en je je nieuwe onderkomen hebt betrokken, wees dan niet beledigd wanneer een Franse kennis je joviaal op de schouder slaat en roept: *c'est une jolie baraque!* Het is wat populair uitgedrukt, vergelijkbaar met het Nederlandse 'hut' voor huis.

Wat je nieuwe plekje in Frankrijk ook wordt: *à chaque oiseau son nid semble beau.* Oost west thuis best.

2. Dierenliefde

Une souris verte, qui courait dans l'herbe
Je l'attrape par la queue, je la montre à ces messieurs
Ces messieurs me disent, trempez-la dans l'huile
Trempez-la dans l'eau, ça fera un escargot tout chaud !

Dit is zo ongeveer het bekendste Franse kinderliedje, een beetje wreed, dat wel. Typerend voor hoe de Fransen met dieren omgaan? Ik zou het niet durven beweren. Feit is wel dat ze veel dichter bij de natuur staan dan wij. Je hoeft maar een Franse slagerij binnen te stappen of op een markt te kijken en je ziet nog waar het vlees eigenlijk vandaan komt.

Wij Nederlanders gruwen van kikkerbilletjes (*cuisses de grenouilles*) en kalfsniertjes (*rognons de veau*), maar voor de Fransen zijn het lekkernijen. *Salade de museau de cochon* betekent letterlijk varkenssnuitsalade, wij noemen het hoofdkaas. *Museau de boeuf vinaigrette* komt overeen met onze zure zult. In Frankrijk staat het allemaal nog gewoon in het schap in de supermarkt.

Zie je in een restaurant *ris de veau* op de kaart staan, weet dan dat het om kalfszwezerik gaat en niet om rijst met kalfsvlees of iets dergelijks. Rijst is *du riz*, met een 'z'.

Tijdens ons laatste dorpsfeest werden *pieds paquets* geserveerd. De *pieds* zijn lamspootjes en de *paquets* zijn een mengsel van lams- en schapeningewanden (*tripes*) met groenten, gewikkeld in lamspens. Een gastronomische specialiteit, echt smullen ... voor de liefhebber.

Nom d'un chien!

Houdt de Fransman van dieren? Zeker weten. Frankrijk is koploper in Europa met een hondenpopulatie van acht miljoen. Verder lopen er ook nog eens bijna tien miljoen katten rond. Maar verdorie - *nom d'un chien!*, hoeveel van die arme *toutous* (honden) en *matous* (katten) belanden niet in het dierenasiel, in Frankrijk *la S.P.A., la Société Protectrice des Animaux*?

Af en toe haalt Frankrijk de internationale pers met ambitieuze natuurprojecten. Zoals **le plan Ours**, een in de jaren '90 gestart project om *l'ours brun* (de bruine beer) in de Pyreneeën voor uitsterven te behoeden. In 2006 werd een aantal beren geïmporteerd uit Slovenië. Met name de vrouwtjesbeer **Franska** had een slechte reputatie. In haar eentje heeft ze binnen een jaar honderdvijftig schapen dood gebeten, tot grote woede van de *éleveurs de brebis*, de schapenboeren. **Franska** is inmiddels gestorven, onder de wielen van een auto. Met haar dood is het voortzetten van het project hoogst onzeker geworden.

Gebraden duiven ...

Appelons un chat un chat, laten we de dingen bij hun naam noemen : Fransen houden toch het meest van dieren in toebereide toestand. Ze hebben niet voor niets een gastronomische wereldreputatie. Om een culinaire specialiteit voor te bereiden kijkt men niet zo nauw: *Quand on aime le foie gras, inutile de voir l'oie.* Een toepasselijker gezegde is er in dit verband niet. Want dàt wil niemand graag zien, ganzen die zo vet worden gevoerd dat ze bijna ontploffen, alleen maar voor de *foie gras*. Zo schijnt de kreeft, *le homard*, het lekkerst te zijn wanneer je hem levend in het kokende water gooit. *Escargots* worden niet alleen levend gekookt, maar worden ook nog eens een aantal dagen uitgehongerd, de smaak komt dan nog beter tot zijn recht ...!

Maken we ons in Nederland 'druk' om de drukjacht op wilde zwijnen op de Veluwe, de gemiddelde Fransman heeft met *la*

chasse geen enkel probleem. Integendeel, je schiet een dier dood en eet het daarna lekker op, niets mis mee.

Niet alleen in **Otje** willen de Fransen *grives*, lijsters, eten (zie **Meer sjans met Frans!**). Deze vogeltjes zijn in Frankrijk een erg populair gerecht. Ik ken mensen die in september al beginnen om hun voorraad te schieten voor het kerstdiner. Want het zijn maar kleine diertjes en je moet niet alleen een geoefend jager zijn om ze te kunnen raken, maar je bent bovendien wel even bezig als je iedereen een maaltje voor wilt zetten.

Alouettes sans tête (leeuweriken zonder kop) doet het ergste vrezen, maar in dit geval gaat het gelukkig om wat wij blinde vinken noemen, en dat heeft ook niets met oogloze vinken te maken. Niet dat de Fransen niet van gebraden leeuwerikjes zouden houden hoor, getuige het spreekwoord *il attend que les alouettes lui tombent toutes rôties*. In Nederland zijn het gebraden duiven die je in de mond vliegen. Over duiven gesproken. Laatst vroeg ik onze buurman, ook een fervent jager, of hij nog iets geschoten had. *Pas grand-chose*, was het antwoord, *un pigeon, c'est tout*, waarop hij me meetroonde naar zijn 'buitenkoelkast', de deur opentrok en mij geheel onvoorbereid confronteerde met een dode duif, die in het midden van een verder lege koelkast lag.

Ekstergeklets

Fransen die een jachtgeweer, *un fusil de chasse*, bezitten, zijn graag bereid om het nuttige met het aangename te verenigen, *joindre l'utile à l'agréable*. Ze richten het op *les nuisibles*, de schadelijke vogels. Bijvoorbeeld *les pies*, eksters. Daarvan zijn er veel te veel. Vroeger al kregen de dorpskinderen geld voor elk eksterei dat ze in het voorjaar bij *la mairie*, het gemeentehuis, kwamen afleveren. Maar er gebeurden ongelukken (de kinderen vielen uit bomen en dergelijke) en het ging ook teveel in de papieren lopen, dus kwam er een einde aan deze traditie. Behalve ze neerknallen kun je eksters ook vangen, in *une cage à pie*, een eksterkooi. Het werkt zo: je vangt eerst één ekster, die stop je in de kooi. *La pie* is *bavarde*, een kletser, en zo lokt ze haar soortgenoten in de val. Voor je het weet heb je er tientallen bij elkaar. Om ze daarna ...

Vrienden in Nederland hebben een ongenode gast op zolder, een marter (*une martre*) die hun het leven ondraaglijk maakt. Het beest is iedere nacht in de weer, ze doen geen oog meer dicht. Ze kunnen er niets tegen doen, want het is een beschermd dier. Er zit niets anders op dan zo ongeveer het complete dak af te breken in de hoop hem te vinden en te verjagen. Volgens mij zouden de Fransen het wel weten ...

3. schoolfrans

De school van onze kinderen kon zonder problemen het decor voor zo'n heerlijk nostalgische Franse film zijn. Het gebouw is oud, streng rechthoekig, met twee verdiepingen. *Le maître d'école,* de meester, woonde vroeger boven, in de dienstwoning, nu zijn het klaslokalen. Op het schoolplein zorgen een paar enorme platanen voor de nodige schaduw. Daar staat ook een klein toilettengebouw, de kinderen moeten buiten naar de WC (koud in de winter!). Ook de rij wasbakken voor het handenwassen staat buiten. Vergeleken met Nederland ziet het er allemaal behoorlijk primitief uit en zou het bij lange na niet aan onze normen voldoen. Maar het is wel een heel sfeervolle schoolomgeving, waaraan je later als kind vast fijne herinneringen hebt.

La rentrée

Aan het eind van de zomervakantie kom je de kreet overal tegen: *c'est la rentrée!* Er wordt mee bedoeld dat de school weer begint. Bij zijn eerste *rentrée* (zijn *entrée* dus eigenlijk), bracht mijn oudste zoon *une liste de fournitures* mee naar huis, een lijstje met schoolbenodigdheden. Het was voor ons volledig abracadabra. Zo moesten de kleintjes *un cartable* hebben. Dit had niets met kaarten of zo van doen, maar bleek een schooltas te zijn, het liefst *à roulettes*, met wieltjes, om de arme kinderruggetjes te sparen. Verder moest er *une trousse* komen, een etui. Een mooi Frans woord toch, *l'étui*? De Fransen gebruiken het voor hun bril, als mapje voor hun bankpasjes en ze bergen er zelfs hun viool in op, maar geen schoolspullen. *La trousse* moest gevuld worden met *des feutres* (viltstiften) en *une règle*, een lineaal. Ook *'linéal'* klinkt heel Frans maar bestaat alleen als bijvoeglijk naamwoord: 'betrekking hebbend op lijnen'.

27

Bij *un compas* dachten wij in eerste instantie aan een kompas, maar het bleek om een passer te gaan. *Une boussole* is het Franse woord voor onze kompas. En die kun je beter maar niet verliezen, want *perdre la boussole* betekent dat je de kluts kwijt bent.

Wat doen we met de kinderen?

Un cahier de textes is geen schrift en heeft niets met teksten te maken. Het is een agenda om huiswerk, *les devoirs*, in te noteren. Het geven van huiswerk aan lagere schoolkinderen is in Frankrijk bij wet verboden, maar toch hebben de meesten er dagelijks mee te maken. Vandaar ook die schooltas. Het is niet het enige grote verschil met Nederland. Tot 2008 gingen de Franse kleuters en lagere schoolkinderen op zaterdagmorgen naar school! De regering heeft nu eindelijk besloten deze ochtend te laten vervallen, waarmee *la semaine de quatre jours* een feit is. De Franse jeugd maakt dan nog steeds een aantal schooluren dat boven het Europese gemiddelde ligt.

Een vierdaagse schoolweek dus, want woensdag is en blijft meestal vrij. Voor kinderen van werkende ouders betekent dat vaak een dag *au centre aéré*. Een 'doorgelucht centrum'? Eigenlijk wel, het is een dagopvang met *des activités de plein air*, activiteiten in de open lucht, begeleid door zogenaamde *moniteurs*. Ook tijdens de véle véle weken schoolvakantie brengen veel kinderen hier de dag door. In de zomer kun je ze bovendien *en colonie* sturen, een vakantieweek aan zee of in de bergen. In **Les vacances du petit Nicolas** van **René Goscinny** (geestelijk vader van **Astérix**), geïllustreerd door **Sempé** wordt dit typisch Franse fenomeen meesterlijk beschreven.

Het *b.a.-ba* van het Frans

Het taalonderwijs in Frankrijk is vergeleken met Nederland behoorlijk traditioneel. Woordenlijsten in je hoofd stampen is dage-

lijkse kost. Het komt allemaal door dat ingewikkelde Frans. *Stylo, pot, os* (botten), *bibelots* (snuisterijen), *haut, faux, beau, bureaux.* Al deze woorden eindigen op de klank 'oo', maar je spelt het iedere keer verschillend. Het leren van de klanken én de daarbij behorende spelling vormt *le b.a.-ba*, de basis, van het Frans. Vroeger moesten de kinderen letters en de daarmee gevormde lettergrepen kunnen opzeggen. De eerste waren 'b-a' dat 'ba' werd, vandaar de uitdrukking, die veel gebruikt wordt. Wij spreken over 'het ABC'.

Ter ontwikkeling van het taalgevoel leren Franse kinderen gedichten uit het hoofd. Je kunt mijn dochter van zeven midden in de nacht wakker maken en ze zegt de complete dialoog van **La chèvre de Monsieur Seguin** van **Alphonse Daudet** op. *La poésie* is een apart vak, het telt mee voor het rapport. *'Un rapport'* zal een Frans kind trouwens nooit mee naar huis brengen, wel *un bilan* of *un bulletin.*

L'addition, s'il vous plaît!

Le calcul (rekenen) komt van het Latijnse 'calculus', wat *caillou*, oftewel steentje betekent. Vroeger telden de herders hun schapen bij het verlaten van de stal door voor elk schaap een steentje in een pot te gooien en 's avonds ging het natuurlijk omgekeerd. Rekenen in zijn puurste vorm dus. Wanneer vandaag de dag een Fransman *une crise de coliques néphrétiques* (een niersteenaanval) heeft, zijn het *les calculs rénaux*, nierstenen, die hem parten spelen.
Revenons à nos moutons - terzake! Optellen is *additionner*, daar komt ook het woord *l'addition* van, wat je gebruikt om in een restaurant de rekening (letterlijk de optelsom van de gebruikte consumpties) te vragen. *C'est nul!* betekent niet dat de uitkomst 'nul' is (dat is *zéro*), maar dat het waardeloos is, hoe je die opgave hebt gemaakt.

Een aftreksom is *une soustraction* en een vermenigvuldiging *une multiplication*. Franse kinderen moeten gelukkig nog gewoon *les tables de multiplication* uit hun hoofd leren, iets wat in Nederland steeds zeldzamer wordt. *Diviser* is de kunst van het delen. In wiskundige zin dan. Tijdens *la récréation* (het speelkwartier), kortweg *la récré*, deel je je *goûter* met je *copain*, maar dan is *partager* het juiste woord.

Ça sonne, de bel gaat! *Je ramasse mes billes,* ik zoek mijn knikkers bij elkaar oftewel: ik smeer 'm!

4. Slikken, spuiten, smeren

Il y avait un serpent dans le bac à sable, j'suis tout de suite allée à la pharmacie ... vertelde mijn vriendin die in de zandbak van de kinderen een slang had gevonden. 'Wat vreselijk, ben je gebeten? Hadden ze het tegengif?' vroeg ik bezorgd. Nee, nee, het was om de slang te laten zién! Om te weten of het misschien *une vipère* (een adder) was of alleen maar *une couleuvre* (een veldslang). *Bon, j'ai pas envie d'avaler des couleuvres* - ik ben niet van plan allerlei onzin te slikken, zei ik. Mijn vriendin verzekerde me dat het geen onzin was. Ook met paddenstoelen kon je naar de apotheek gaan, zei ze. Nee, de Franse *pharmacien* doet niet in 'paddo'-handel. Maar hij heeft wel de kennis in huis om giftige (*toxique*) van eetbare (*comestible*) exemplaren te onderscheiden. In de herfst zie je op zondagmorgen hele families in het bos om *girolles* of *cèpes* te zoeken voor bij het middagmaal. En je zou toch niet willen dat je schoonmoeder een giftig exemplaar op haar bord kreeg ...

Drogues uit Nederland

Wanneer je in Frankrijk een apotheek nodig hebt, zoek dan niet naar *'l'apothèque'*. Het klinkt wel heel Frans, maar is het niet. Maar *une pharmacie* zul je al snel vinden, zelfs het kleinste dorp heeft er minstens één. *Bien se soigner* is een belangrijke leefregel voor de Fransen, dus stap je al gauw eens even binnen voor *une petite cure de vitamines* of *une infusion médicinale*. Dat laatste is geen infuus, maar een kruidenthee met geneeskrachtige werking. Het infuus is *la perfusion*.
De macht van de farmaceutische industrie in Frankrijk is groot, zelfs een eenvoudig doosje aspirine is alleen maar bij de apotheek verkrijgbaar. Pogingen van de overheid om huismedicijnen (pijn-

stillers, hoestdrankjes en dergelijke) net als in vele andere landen ook in Frankrijk vrij verkrijgbaar te maken, stuiten op fel verzet van de farma-lobby. Ga dus niet op zoek naar *une droguerie*, in de veronderstelling bij een Franse versie van Etos of het Kruidvat terecht te komen, want die bestaan in Frankrijk niet. *Une droguerie* is een winkel in huishoudelijke artikelen. En vraag ook maar liever niet waar je *'des articles de drogues'* kunt krijgen, waarmee je dan natuurlijk drogisterijartikelen bedoelt. Je zou de vooroordelen bevestigen die de Fransen tegenover Nederlanders toch al hebben als zijnde een drugsspuitend en -slikkend volk. Gelukkig maar dat de meeste Fransen niet zullen weten, dat zelfs de oorsprong van het woord *drogue* Nederlands is: het zou komen van 'droog', voor gedroogde kruiden of planten als medicijn.

Bord voor je kop?

Tabletten nodig tegen de hoofdpijn? *Une tablette* bestaat wel, maar betekent plankje of bordje. Heb dus geen 'bord voor je kop' en vraag niet naar *'tablettes pour ma tête'*. Het juiste woord is *comprimés* (letterlijk: samengeperste poeder). *Vous les voulez en effervescents?* Wàt!? Oh, bruistabletten ...

In Nederland is de merknaam **Aspirine** tot soortnaam geworden (een aspirientje). Hetzelfde is in Frankrijk gebeurd met *un doliprane* (van het merk **Doliprane**), dat vaak wordt gebruikt voor 'een paracetamol' in het algemeen. Wil je het apothekersmerk, vraag dan om *un (médicament) générique*, dat is goedkoper. Maar de Nederlandse bodemprijzen voor huisgeneesmiddelen worden in Frankrijk en ook in België ondanks de *génériques* niet gehaald. De Belgen organiseren zelfs speciale dagreizen naar Nederland om medicijnen in te slaan.

Nog veel meer valse vrienden liggen op de loer in een Franse apotheek. Heb je een kikker in je keel, dat wil zeggen *un chat dans la gorge*? Dan even een hoestdrankje halen. Dat is geen '*boisson pour la gorge*' of iets dergelijks. Men zou je rechtstreeks naar de Bar Tabac op de hoek kunnen sturen. *Un sirop <u>contre</u> la toux* is beter. Heb je een pleister nodig? Vraag dan liever niet om *un plâtre* (wat doet denken aan het Duitse 'Pflaster'). Voor je het weet zit je bebloede been in het gips! Terwijl *un pansement* ruim voldoende is. Het kan overigens ook goed van pas komen om het woord *le sparadrap* (uitspreken als 'spaaraadràà') te kennen, dat hechtpleister betekent.

'Crème' is een voorbeeld van een woord dat wij Nederlanders slordig gebruiken. Het onderscheid met zalf maken we niet echt en iedereen begrijpt toch direct wat je bedoelt. De Fransen zijn er, het zal je niet verbazen, preciezer in. Als het gaat om een vette crème, een zalf dus, met medicinale werking, spreken ze meestal over *une pommade*, bijvoorbeeld *une pommade contre les courbatures* (een crème tegen spierpijn). Als je in dat geval per ongeluk *une crème* zegt, zoals mijzelf eens overkwam, word je genadeloos terechtgewezen.
Sinds **Nicolas Sarkozy** president is, *on lui passe souvent de la pommade.* Niet omdat hij spierpijn heeft, maar om bij hem in een goed blaadje te komen staan, 'men smeert hem stroop om de mond'.

Ça brûle!
Je bent in de stromende regen uit Nederland vertrokken, aan zonnecrème heb je helemàál niet gedacht. Ter plaatse snel even naar de apotheek dus. Vraag naar *une crème solaire* (niet '*une crème soleil*'). Om uit te leggen dat je zo'n gevoelig wit Nederlands velletje hebt, kun je beter niet over '*je suis tout blanc*' beginnen, want dat klinkt voor een Fransman alsof je bij de bakker ernaast in het meel hebt liggen rollen. En zeg liever ook niet: '*je ne deviens pas*

très vite marron', want dat betekent zoveel als 'ik word niet zo snel een kastanje'. *J'ai la peau claire* zal beter begrepen worden. Misschien moet je aan het einde van je eerste dagje strand wel terug naar de apotheek, omdat je toch nog helemaal verbrand bent. Zeg dan niet: *je suis complètement brûlé*. Als de zon de boosdoener is, zegt men: *j'ai attrapé un coup de soleil*. Een zonne'klap' dus, geen zonnestéék, waarmee wij trouwens alleen het onwel zijn door de zon bedoelen. Wij krijgen een appelflauwte, de Fransen *sont tombés dans les pommes*. En als men dan plotseling de brandweer, *les pompiers*, gaat bellen, is het niet om je verbrande vel te blussen. Zij zijn in Frankrijk de eerste hulp en transporteren je voor je het weet naar het ziekenhuis.

Het leek zo'n goed idee, die camping aan het water, maar nu ben je gestoken door wel honderd muggen! Snel even *un produit contre les piqûres de moustiques* halen. *Ça vous démange?* Ja, inderdaad, ze hebben me opgevreten, *ils m'ont mangé*. Nee, dat was de vraag niet, *démanger* betekent 'jeuken'. Ach, het zal jou jeuken, die Franse apotheek!

5. Uit de kunst

Non, rien de rien, non, je ne regrette rien
Ni le bien qu'on m'a fait, ni le mal tout ça m'est bien égal !

Frankrijk-fan of niet, iedereen herkent de woorden van dit beroemde lied van **Edith Piaf**. Over het bewogen leven van deze legendarische zangeres is een prachtige film gemaakt, **La môme**. De actrice **Marion Cotillard** heeft voor haar vertolking van de rol van **Piaf** een **Oscar** gewonnen, een groot succes voor de Franse filmindustrie. *La môme* betekent zoveel als 'kleintje', **Piaf's** bijnaam vanwege haar geringe lengte van maar een meter zevenenveertig. Voor het internationale publiek heeft de film een andere titel meegekregen, die wat gemakkelijker in het gehoor ligt: **La vie en rose**, ook een beroemd lied van **Piaf**.

De Franse filmindustrie leeft! Er zijn talloze andere voorbeelden van -ook internationaal- succesvolle films. Enkele jaren geleden nog veroverde **Audrey Tatou** met de film **Le fabuleux destin d'Amélie Poulain** de hele wereld. Namen van Franse *cinéstars* die al jaren meegaan zijn **Catherine Deneuve, Alain Delon**, **Gérard Depardieu** of **Juliette Binoche.** We zien ze flaneren op de rode loper van het filmfestival van **Cannes** of optreden in één van de vele *débats-spectacles* (talkshows) op televisie. Ze zijn niet *fameux* (een valse vriend van het Engelse famous) maar *célèbres* of *connus*. Het Franse *fameux* wordt voornamelijk ironisch bedoeld: *il n'arrête pas de parler de ses fameuses vacances* (hij houdt niet op te praten over die geweldige vakantie van hem).

Arrête ton cinéma! Stel je niet zo aan! *Viens, on va se faire une toile!* Kom, we gaan een fimpje pikken!

Un people 'out'

Een Franse ster is altijd _une star_ of _une vedette_, ook al is het een man. _La vedette_ is ontleend aan de wereld van de drukkerij: letters _en vedette_ zetten betekent dat je ze als aandachtstrekker groot en vet drukt. Sterren staan in de Hollandse schijnwerpers, in de Franse _feux de la rampe_ of in het Duitse 'Rampenlicht', maar hun carrières verlopen verre van rampzalig.

Une star is automatisch ook _un people_, ook wel gespeld _'pipole'_ en uitgesproken als 'piepool', een uiterst merkwaardig gebruik in het enkelvoud van het Engelse 'people'. Het betekent zoveel als 'bekende Fransman', een Franse BN-er zeg maar. Zo bestaan er ook _people magazines_, roddelbladen dus.

Een tijd lang behoorde de zanger **Johnny Halliday** tot _les people les plus out_, na zijn aankondiging dat hij om belastingtechnische redenen in het Zwitserse Gstaad ging wonen. Gelukkig heeft _super-président_ **Sarkozy**, tevens persoonlijke vriend van **Halliday**, zijn verkiezingsbelofte gehouden en is de zogenaamde _bouclier fiscal_ van 50% (een plafond van maximaal 50% aan directe belastingen) ingevoerd. **Halliday** heeft aangekondigd binnenkort weer terug te keren naar Frankrijk. Hij mag zich nu weer tot _les people in_ rekenen.

Ça te chante?

Het is algemeen bekend: in de artiestenwereld stikt het van de valse vrienden. Dat geldt ook voor het Frans-Nederlandse artiestenjargon. _Ça te chante?_ spreekt het je aan, ze te leren kennen, die valse vrienden? _Allez, on va les faire chanter!_ Letterlijk: we zullen ze eens laten zingen. Maar figuurlijk moet je bij _chanter_ denken aan het ook voor ons bekende woord _chantage_. En dan betekent de uitdrukking zoiets als 'we zullen ze eens onder druk zetten'.

Om te beginnen is een zanger in het Frans _un chanteur_ en niet _'un chansonnier'_, zoals wij met name de zanger van het 'echte' Franse

chanson noemen. *Un chansonnier* is voor de Fransen wat wij een cabaretier noemen: iemand met een act van humoristische teksten en liedjes, ook wel een conference (zoals de traditionele oude-jaarsconference). De Fransen noemen het *un sketch*. *La conférence* kennen zij alleen in *une conférence de presse* (een persconferentie), *être en conférence* (in bespreking zijn) of als *maître de conférences* (universitair docent).

Om het nog wat ingewikkelder te maken: de Franse *cabaretier* is de eigenaar van *un cabaret*, een (theater)café, die zeker niet zelf *sur scène* te zien zal zijn. Dat laat hij over aan *les acteurs*, of meer gebruikt, *les comédiens*. Aan **La Comédie-Française**, zo ongeveer het beroemdste toneelgezelschap van Frankrijk, zijn zeker geen komieken, maar serieuze toneelspelers verbonden, *qui font du théâtre* (die toneelspelen). Zo is ook *une comédie musicale* geen 'musikale komedie' of iets dergelijks maar een musical.

Wat een spektakel!

Bij zowel het theater als de film speelt de regisseur een belangrijke rol. Ook hij is een valse vriend, want in Frankrijk heet hij *le metteur en scène*, ook wel *le réalisateur* of *le cinéaste* (als het om een film gaat). *Le régisseur* bestaat wel, hij is de beheerder (bijvoorbeeld van een landgoed), de organisator (van bijvoorbeeld een evenement) of ook de chef van *une régie*, dat wil zeggen een openbaar (nuts)bedrijf of overheidsinstelling. *La régie* betekent ook 'de afdeling administratie'. Wie regelmatig in Parijs komt kent vast wel de *RATP*, een afkorting die je overal tegenkomt als je van het openbaar vervoer gebruik maakt: *Régie Autonome des Transports Parisiens.*

Terug naar het theater: daar kom je kijken naar *un spectacle*, een voorstelling. Spektakel zoals wij dat gebruiken, bijvoorbeeld in 'het was een bont spektakel', kan niet met *spectacle* worden vertaald. *C'était tout un vacarme* komt enigszins in de richting. En dan is er nog een valse vriend met het Brits-Engelse 'spectacles', dat bril betekent. Een Nederlander vroeg in een sportzaak in een Frans skidorp eens om *'des spectacles de ski'*. De verwarring die dit bij de verkoper teweeg bracht, hoef ik niet nader uit te leggen. Hij had natuurlijk om *des lunettes de ski* moeten vragen.

Laat de voorstelling nu maar beginnen. Om met **Michel Fugain** te spreken: *Attention mesdames et messieurs, dans un instant on va commencer!*

6. Frans, vreemde taal

Een Frans gezin ging op reis naar België, met *Malines* als eindbestemming. Bij het naderen van deze stad stonden er plotseling geen borden meer met *Malines* erop. Toen ze de weg vroegen aan voorbijgangers bleken deze absoluut geen Frans te spreken! Gelukkig zag uiteindelijk iemand aan het nummerbord, dat ze geen Walen, maar Fransen waren. Onder veel excuses kregen ze daarop een escorte naar hun plaats van bestemming ... **Mechelen**. De Belgische taalstrijd was over de hoofden van onze arme Fransen uitgevochten.

We hebben het hier over *la toponymie*, oftewel de plaatsnaamkunde, en in het bijzonder over de vertaalde plaatsnamen. In Duitsland zijn wij eens behoorlijk omgereden omdat we het Duitse **Lüttich** niet in verband hadden gebracht met **Luik**. In Noord-Oost-Frankrijk kan je hetzelfde gebeuren op zoek naar een plaats als **Trier** of **Monschau**, die in het Frans *Trèves* en *Montjoie* heten. En als een Fransman je vertelt dat hij binnenkort naar *Aix-la-Chapelle* gaat, doe dan niet of je het in **Keulen** hoort donderen, want het gaat om **Aken**! **Keulen** wordt *Cologne*, inderdaad, van het *eau de Cologne* oftewel het 'Kölnisch Wasser'.

We zijn eraan gewend dat in het tweetalige België *Namur* **Namen** is en *Gand* **Gent**. Maar toch zijn er ook daar minder voor de hand liggende voorbeelden, zoals *Malines* en **Mechelen** in bovenstaande anekdote. En wat dacht je van **Bastenaken** (bekend van de wielerronde **Luik-Bastenaken-Luik**) dat in het Frans *Bastogne* wordt. De misverstanden zetten zich tot in Noord-Frankrijk voort, maar nu andersom: want *Lille* kent iedereen, maar de Nederlandse vertaling **Rijssel** misschien niet.

Ook Nederland heeft recht op zijn portie vertaalde plaatsnamen. *La Haye* voor **Den Haag** is bekend, maar wat dacht je van *Galoppe* voor het Zuid-Limburgse **Gulpen**? 's Hertogenbosch wordt *Bois-le-Duc*. Het woord *le bolduc* is er rechtstreeks van afgeleid. Het is lint, vroeger van stof, tegenwoordig meestal van kunststof, om een cadeau mee te versieren en het werd oorspronkelijk in die stad gemaakt.

Merk je wel?

Een hele andere categorie woordpuzzels zijn merknamen die tot soortnamen zijn geworden. Het *eau de Cologne* van hierboven is er een goed voorbeeld van. Wij hebben ze ook, bijvoorbeeld 'maggi' of 'aspirine'. Maar Franse merken herkennen we natuurlijk niet zo snel. Wanneer je dus bij Fransen in de keuken staat en men zegt tegen je: *passe-moi le sopalin, s'il te plaît*, weet dan dat **Sopalin** een merk keukenpapier is.

Nog eentje in de huishoudelijke sfeer: *on va tout bien nettoyer au javel*. Jawel, dit betekent dat je alles eens lekker met bleekmiddel gaat schoonmaken. **Javel** was oorspronkelijk een dorpje vlakbij Parijs, nu deel ervan, waar een chemische fabriek stond die dit produkt maakte.

Je l'ai mis dans un 'tuupèrouare'. Het ligt niet zo voor de hand om in dit op zijn Frans uitgesproken woord de merknaam **Tupperware** te herkennen, die ook wordt gebruikt voor elk ander plastic bewaardoosje.

Wil je op een terras een tonic bestellen, vraag dan om een **Schweppes,** naar het gelijknamige frisdrankmerk (dat overigens veel meer soorten kent). Vragen om *'un tonique'* zou niet begrepen worden. *Le tonique* is een (medisch) tonicum, een versterkende drank. En het bijvoeglijk naamwoord *tonique* betekent prikkelend of krachtig. Al deze woorden en ook het Engelse 'tonic water' heb-

ben natuurlijk wel met elkaar te maken. Frisdrank in het algemeen is in het Frans *un soda* (overgenomen van het Engelse 'soda water'). Wij kennen soda vooral als schoonmaakmiddel, wat in het Frans *le soude caustique* is. Als zodanig is dit in Frankrijk onbekend en het wordt al helemaal niet gebruikt als huismiddeltje bij zwerende wondjes. Toen ik de laatste toepassing eens in onze apotheek ter sprake bracht, reageerde het personeel oprecht geschokt; zeker zo'n Bataafse -lees barbaarse- gewoonte uit het noorden!

De bikini is een Franse uitvinding en bestaat al sinds 1946! De naam is ontleend aan de atol **Bikini** in de Stille Oceaan, waar net een kernproef was gehouden. Men hoopte dat het schamele, voor die tijd schandalig blote kledingstuk zou inslaan als een bom ... Op hun *sortie d'école* (schoolreisje) moeten mijn kinderen un **K-Way**, ook wel *un coupe-vent*, meenemen. Dit is een als pakje opvouwbare regenjas. Een merknaam, niet van Engelse oorsprong zoals de naam misschien zou doen vermoeden, maar puur Frans. *Une fermeture éclair* (van het merk **Eclair)** is een rits. Ook wel *un zip* (oorspronkelijk een Engelse merknaam), of gewoon *une fermeture à glissière*. Als het om de rits van een broek gaat (gulp), heet dat *la braguette*. Maak liever niet dezelfde fout als een Nederlandse vriend, toen hij voor het eerst met zijn Franse vriendinnetje ging kamperen. Hij zei: *attends, j'ouvre la braguette*, toen hij de rits van de tent wilde opendoen. Zij vond dat hij wel erg snel ter zake kwam ... Er zijn nog andere merknaam-sluitingsmethoden, zoals *le velcro* (samentrekking van *velours* en *crochet*) van het merk **Velcro** dat klittenband betekent, ook wel *le scratch* genoemd vanwege het geluid dat het maakt.
Un bout de scotch is dagelijks taalgebruik voor een stukje plakband (merknaam **Scotch**), in plaats van *le ruban adhésif*. Om bij de kantoorartikelen te blijven: *je l'ai noté sur un 'poostiet'* (ik heb het op een post-it-plakkertje geschreven). En dat hoeft niet van het

FRANS HAD SODA BESTELD VOOR ZIJN ZWERENDE VINGER

merk **Post-it** te zijn. Zo is *un bic* (uitspreken 'bieke') een balpen in het algemeen, naar het merk **Bic.**

Het algemeen gebruikte woord voor hogedrukspuit is in Frankrijk *le karcher* (uitgesproken als '*le karschèr*'), van het Duitse merk **Kärcher**. Zelfs als werkwoord bestaat deze naam: *karchériser*, met de hogedrukspuit schoonmaken dus. Tijdens de presidentsverkiezingen van 2007 verschenen in de dagbladen meerdere paginagrote advertenties van de fabrikant. Daarin deed deze een emotionele oproep tegen het oneigenlijke gebruik van zijn merknaam. Het had alles te maken met de huidige president van Frankrijk, **Nicolas Sarkozy**, die de term min of meer heeft geïntroduceerd tijdens de discussies over het aanpakken van *la racaille*, het gespuis zoals hij het noemde, in de verloederde buitenwijken (*les cités*) van de grote steden. Al als *ministre de l'Intérieur* (minister van Binnenlandse Zaken) beloofde hij deze wijken te *karchériser*. Zijn polariserende uitspraken achtervolgen hem tot de dag van vandaag.

Un canadair, ofwel *un bombardier d'eau*, is een blusvliegtuig genoemd naar een type van het merk **Canadair**. Je moet er toch niet aan denken dat er eentje per ongeluk zijn lading boven het presidentiële paleis, het **Elysée**, zou verliezen ...

7. C'est chic !

Frankrijk is het land van de mode. *Les grandes marques de la haute couture* worden niet alleen door *les people les plus in* gedragen. Iedereen die het zich maar enigszins kan permitteren, heeft op z'n minst *un sac à main* (handtas) **Louis Vuitton** of *une paire de lunettes de soleil* (zonnebril) **Dior**. Wees dus niet al te *ringard* (uit de tijd) en koop *des fringues* (vergelijkbaar met de Duitse 'Klamotten') die *chic, à la mode, en vogue* en *tendance* zijn. Want kleren maken de man: *la belle plume fait le bel oiseau*.

Tot voor kort deed de Fransman er alles aan om *bon chic bon genre*, afgekort *BCBG*, te zijn. Maar volgens sommigen is het tegenwoordig meer zaak om er zo *bling-bling* mogelijk bij te lopen. Want in het tijdperk-**Sarkozy** is het absoluut geoorloofd om met veel glitter en uiterlijk vertoon te laten zien dat je het helemaal gemaakt hebt.

Shopping

Allez, on va faire du shopping (uitspreken als 'schoppienk'), *on va faire les magasins*. Let op het verschil tussen *le magasin* dat winkel of magazijn betekent en *le magazine* (mannelijk!): geïllustreerd tijdschrift. *Faire les boutiques* wordt ook veel gezegd. *Une boutique* is niet wat wij een boetiek noemen, een duur excentriek winkeltje met kleding of siervoorwerpen. De Franse *boutique* is een algemeen woord voor winkel. Er wordt van alles verkocht, van levensmiddelen tot kleding. Zie je ergens het woord *store*, denk dan niet aan het Engelse 'store' (winkel). Het gaat om heel iets anders: een luifel of rolluik!

Dat bloesje in de etalage is echt helemaal in: *c'est du dernier cri!* Als je het wilt passen, vraag dan in de winkel niet om *'la blouse dans l'étalage'*, want *une blouse* is een uniformschort voor bijvoorbeeld medisch personeel. Een bloes voor vrouwen is *un chemisier* en voor mannen *une*

chemise. En *'étalage'* is een valse vriend: 'in de etalage' wordt *en vitrine.* Alleen maar etalages kijken kan natuurlijk ook: *faire du lèche-vitrines.* Je likt de etalageruiten af, zo dicht sta je erop om je te vergapen aan al het moois. De Amerikanen spreken van 'window shopping'.

Ben je nog vrij?

In winkels word je aangesproken met *vous.* Hoe jong het personeel ook is, zeg nooit *tu* terug, want dat wordt als erg onbeleefd gezien. Overigens is het niet zo, dat het vouvoyeren een garantie is voor een beleefde bediening ...

Ken je nog de Engelse televisieserie **Are you being served?** en de klassiek geworden zin: *Mr. Humphries, are you free?* Vertaal dit in een Franse winkel nooit met *vous êtes libre?*, zoals een vriendin van mij ecns deed. De jonge, goeduitziende mannelijke winkelbediende bloosde tot achter zijn oren. Fransen lossen een dergelijk taalmisverstand nou eenmaal niet met een vrolijke kwinkslag op. Begin liever met *s'il vous plaît ..., excusez-moi ...?* dan merk je vanzelf wel of hij 'vrij' is.

Een broek uit Nîmes?

Voor die lange Nederlanders is het niet altijd eenvoudig te slagen. *Vous êtes très grande!*, hoor ik voortdurend. Neem dus maar gerust een maatje groter ... *une taille en dessus.*

Ce jean (enkelvoud !) *vous va très bien*, zegt de verkoopster. Zie je zelf die superslanke snit niet zo zitten, zeg dan niet : *non ... pas avec ma figure! La figure* betekent onder meer gezicht, maar niet figuur in de zin van lichaamsvorm. Je zou wel kunnen zeggen: *je ne suis pas assez mince.* Maar wil je het winkelpersoneel echt verbluffen met je kennis van het Frans, zeg dan langs je neus weg: *je n'ai pas la bonne morphologie ...* Het is weer eens zo'n prachtig ingewikkeld Frans woord, dat heel gewoon lichaamsbouw betekent.

De spijkerbroek heeft trouwens een interessante geschiedenis. De stof zelf komt uit **Genua** (**Gênes** in het Frans, in het Engels uitgesproken als 'djiens'), waar deze al in de vijftiende eeuw werd gebruikt voor kleding voor de vissers. Later werd de stof geverfd in **Nîmes**, met indigo-blauw, om het materiaal soepeler te maken. Er werden zogenaamde *bleus* van gemaakt, blauwe pakken voor de arbeiders. Deze stof *de Nîmes* werd denim. In de negentiende eeuw maakte ene **Oscar Levi Strauss**, een naar Amerika geëmigreerde kleermaker, voor het eerst kleding uit denim voor de goudzoekers. Daarmee was de 'blue denim jeans' geboren.

Wat een strop!

Wil je je op je paasbest kleden, *te mettre sur ton trente et un*, dan trek je als vrouw een mantelpakje aan, *un tailleur*. Moet je er nog even snel een panty bij kopen, dan kom je niet ver met *'un panty'*. *Un collant* is het juiste woord, ook wel *une paire de collants* of *des collants*. Ook de dikkere versie heet zo, en zeker niet *'un maillot'*. Dat woord is gereserveerd voor de wielrenners (*le maillot jaune*) en voor het zwembad *(un maillot de bain)*.

En de mannen? Die dragen *un costume*, natuurlijk met stropdas, *une cravate*. **Prins Claus** was er een groot tegenstander van. Of het nu een rechtstreeks gevolg is van zijn persoonlijke campagne of niet, feit is wel dat de stropdas in Nederland steeds zeldzamer wordt. Ook in Frankrijk kleedt men zich tegenwoordig *de façon plus décontractée*, oftewel informeler, meer ontspannen. **Lodewijk XIV** had een Kroatisch regiment dat **le Royal-Cravate** heette. De ruiters droegen een soort witte das om hun hals. Daarmee was *la cravate* geboren.

Vinden ze thuis je aankopen niet geslaagd? *Ne t'en fais pas!*, niets van aantrekken. Want over smaak (en ook over kleur) valt niet te twisten: *des goûts et des couleurs on ne dispute pas*.

8. A table !

In de film **Ratatouille** droomt de rat **Rémy** van een carrière als *grand chef* in een Frans toprestaurant. De Franse *gastronomie* wordt er natuurlijk flink op de korrel genomen. Maar voor Fransen is eten een serieuze aangelegenheid. Wil je als Nederlander serieus worden genomen, pas je dan aan. Bestel niet klakkeloos, maar ga weloverwogen te werk. Stel eerst een paar vragen over de details van de bereiding: *le gigot d'agneau, est-il accompagné de pommes de terre?*- wordt de lamsbout met aardappelen geserveerd? Of vraag een kleine wijziging in het gerecht: *au lieu des petits farcis de tomates je voudrais les légumes des jardins de Provence, est-ce possible ?*- in plaats van gevulde tomaatjes had ik graag de groenten uit de tuinen van de Provence, kan dat ?

Nederlanders opgelet ... is er nog wijn over na de koffie, drink die dan niet meer op, onder het mom van 'zonde om te laten staan'. Voor Fransen is het vloeken in de kerk.

On va au resto!

Laten we er maar geen doekjes om winden, *mettons les pieds dans le plat*, vandaag hebben we geen zin om te koken. *Allez, on va au resto!* Nemen we het dagmenuutje, *le plat du jour* ? Dan kost het ons ook niet *la peau des fesses,* de huid op onze billen, of zoals wij zouden zeggen 'geen rib uit ons lijf'. Het overkwam me ooit te vragen *'combien de courses'* er in het menu zaten, een Engelse valse vriend van 'how many courses?' Het had moeten zijn: *combien de plats? Une course* is een race of een koers en *les courses* zijn de boodschappen.

Met Franse tafelgenoten kwam het gesprek eens op *les chambres d'hôte* die ze aan toeristen verhuurden. *Une assiette au beurre!* riepen ze. Mijn man en ik zochten op tafel tevergeefs naar een bordje met boter om aan te reiken. Maar het bleken hun toeristen-kamers te zijn, die 'een goudmijntje' waren. Het was wel vreselijk veel werk om alles schoon te houden en 's avonds te koken voor de gasten, begrepen wij. Tja, *on ne peut pas avoir le beurre et l'argent du beurre*, je kunt niet van twee walletjes eten. *De toute façon*, in ieder geval, zeiden ze: *ça nous met du beurre dans les épinards*. De Fransen hebben boter in hun spinazie, wij een goed belegde boterham. Kan het verschil in eetcultuur nog duidelijker worden gemaakt?

Ober, er valt een dode vlieg in mijn soep

De Franse keuken kent zoveel specialiteiten dat het moeilijk is een keuze te maken. Of het nu *un steak au poivre* is of *du boeuf Stroganoff*, *des moules frites* of *du thon grillé*, het is allemaal even lekker. Om maar niet te spreken over de streekspecialiteiten. In het zuiden bijvoorbeeld is *la bouillabaisse*, die typisch Marseil-laise vissoep, erg geliefd. Verwar het woord niet met *la bouillie bordelaise*, het blauwachtige mengsel van kopersulfaat om je bomen in de tuin mee te behandelen. Beter niet opeten! Bij de *bouillabaisse* wordt traditioneel *un aïoli* geserveerd, een zeer ster-ke knoflookmayonnaise. Wanneer door je adem de vliegen dood neervallen (*ça tue les mouches!*), dan is hij goed klaargemaakt, vinden de locale bewoners. Hetzelfde geldt voor *la soupe au pistou*, waar onder andere een hele basilicumplant in verdwijnt en *une tête d'ail*, geen teentje knoflook (dat is *une gousse*), maar een hele bol! Vat het vooral niet letterlijk op, wanneer je Franse tafelgenoot zegt: *vous pouvez manger la soupe sur ma tête*. Hij bedoelt dat je wel een kop groter bent dan hij.

La gastro française?

Een klassieker is natuurlijk *le magret de canard*. Verwar deze fijne eendenfilet niet met de beroemde **commissaire Maigret!** Ook *le*

foie gras, lever van gans of eend is niet te versmaden. Maar eet er niet te veel van, anders is *une crise de foie*, van je eigen lever wel te verstaan, niet te vermijden. Wat de verschijnselen van deze typisch Franse kwaal precies zijn en hoelang de 'aanval' duurt, verschilt van persoon tot persoon. Vaststaat in ieder geval wel, dat de Fransen er rond de kerstdagen het meeste last van hebben. Maar ja, dan brengen ze ook zo ongeveer de hele dag aan tafel door.

Nu we het toch over lichamelijk ongemak door (teveel) eten hebben: In **Meer sjans met Frans !** heb ik het over de Franse voorliefde voor afkortingen gehad. Probeer dit niet op eigen houtje uit door het woord *gastronomie* tot *gastro* terug te brengen! *'J'aime bien la gastro française'* zal iedere Fransman de wenkbrauwen hoog doen optrekken. *La gastro* is een afkorting, dat wel, maar van *une gastroentérite*, een maag-darmontsteking. *Avoir une gastro* betekent dat je aan de diarree bent.

Poubelle

Is je na bovenstaande de zin om verder te eten vergaan? Dan zal straks alles wel *à la poubelle* verdwijnen. Het is de Parijse prefect **Eugène Poubelle**, die zijn naam voor eeuwig heeft verbonden aan de vuilnisbak. Hij verplichtte de Parijzenaren aan het einde van de 19e eeuw om hun vuilnis in speciale bakken te gooien, in plaats van op straat.

Le malheur des uns fait le bonheur des autres, de een zijn dood is de ander zijn brood: tussen het afval zit vast nog wel iets voor de vrienden van onze **Ratatouille**-filmheld **Rémy** ...

9. Bloemlezing

Bloemen kopen in Frankrijk? Dat leer je snel af, te duur! Geen wonder als je bedenkt dat een groot deel helemaal uit Nederland komt. Het is dan ook heel normaal om slechts een paar bloemtakken, verpakt in een enorme hoeveelheid papier en strikken, te geven. De uitdrukking luidt niet voor niets: *il m'a fait une fleur*, hij heeft me een gunst bewezen, dat kan in Frankrijk al met één enkele bloem ...

De Fransen hebben de gewoonte om bloemen te geven die al helemaal open zijn, uitgebloeid zeg maar gerust. Wij geven ze liever zoveel mogelijk in de knop, 'dan heb je er langer wat aan', typisch Nederlands natuurlijk. Op de Franse markt zijn de bloemen vlak voor sluiting nog steeds even duur. Je loopt er niet met je armen vol weg voor een paar euro, zoals in Nederland (in mijn beleving althans). Maar dat betekent niet dat de Fransen niet van bloemen houden. Integendeel.

Ça sent pas la rose !

De roos - *la rose* (uitspreken als 'rooz') is belangrijk genoeg om er geen taalmisverstanden over te krijgen. In het slordige Nederlands kun je 'roos' en 'rozenstruik' gemakkelijk door elkaar gebruiken. Bijvoorbeeld: 'ik heb net wat rozen geplant' of 'hoe snoei jij je rozen?' Niet in het Frans. *Une rose* is een roos en *un rosier* is een rozenstruik. Niet te verwarren met *du roseau*, dat riet betekent.

De kleur roze wordt in het Frans als *rose* geschreven, maar nog steeds als 'rooz' uitgesproken. Een roze roos klinkt dus als 'une rooz rooz'. En het koele glaasje rosé op dat gezellige Franse terras bestel je door *un rosé* te vragen (nog steeds met een 'z' uitgesproken) en niet *une rosée*, want *la rosée* betekent dauw.

Pas de rose sans épines? - geen roos zonder doornen ? Toch wel. De stokroos bijvoorbeeld, geen *'rose baguette'* maar *une rose trémière* of *une primerose*. Ook *le laurier-rose* (oleander), *la rose de Noël* (kerst-roos) en *le coquelicot*, de klaproos hebben geen doornen. Deze laatste is net zo rood als een hanenkam. Je ziet er de naam van het dier, *le coq*, in terug en *coquelicot* was vroeger klanknabootsend voor zijn gekraai. De moderne Franse haan zegt *cocorico*.

Je passe du coq à l'âne, ik spring van de hak op de tak, want *une rose de sable* (woestijnroos) heeft geen zachtgeurende blaadjes (*pétales*), maar is gemaakt van zand en water. *Ça sent pas la rose!* Het stinkt hier ! Het zijn zeker die afrikaantjes, *les roses d'Inde*.

Vergeet je vergeet-mij-nietje niet!

Ooit in het ziekenhuis de verpleegkundige over *une seringue* ho-ren praten? En dacht je toen een bosje seringen te krijgen? Dat viel vast tegen, want ze pakte de injectiespuit! De sering is in het Frans *le lilas*.

Zo kun je een viooltje beter geen *'viol'*, en al helemaal geen *'petit viol'* noemen, want dit woord betekent verkrachting. Violen heten in Frankrijk *des pensées*. Dit bloempje wordt beschouwd als het symbool van de herinnering, vandaar de naam. En het vergeet-mij-nietje dan? Dat is *le myosotis*, of gewoon *le ne m'oubliez pas*.

Heeft iemand het over *les nénuphars* van **Monet**, dan weet je mis-schien niet direct waar het over gaat. Maar zijn waterlelie-schil-derijen, die ken je wel! De *tournesols* en *iris* van **Van Gogh** zijn gemakkelijker als bloemennamen te herkennen. *Attention, ça se prolifère* ... zei een vriendin eens over de laatste. Moest ik oppassen voor luizen? Zijn irissen misschien giftig? Nee hoor: *se proliférer* is weer eens zo'n heerlijk ingewikkeld dagelijks Frans woord dat 'zich verspreiden' betekent. Ziektes of schadelijke dieren *se prolifèrent*, en ook planten die zich onder de grond vertakken.

Krokussen in de herfst?

*Colchiques dans les prés, fleurissent, fleurissent, colchiques dans les prés, c'est la fin de l'été …*Het zijn de eerste regels van een lied dat mijn zoon op school leerde. De weemoedige melodie en tekst, over het einde van de zomer, bleven wekenlang in mijn hoofd rondzingen.

Le colchique was weer eens zo'n woord waarvan wij thuis met zijn allen geen idee hadden wat het was. Volgens het woordenboek gaat het om de tijloos, ofwel een colchicacee voor de botanici onder de lezers. Het is een zeer giftig bloempje, waarvan de naam uit de Griekse mythologie komt. *Les colchiques* lijken op wilde krokussen, maar bloeien in de herfst.

Zeg het met bloemen

Rond 1 mei, *la fête du Travail*, zie je plotseling overal lelietjes-van-dalen te koop. Dit bloempje, *le muguet*, ook wel *le lys des vallées*, heeft in Frankrijk een speciale betekenis. Al sinds de middeleeuwen was het een lentesymbool en *porte-bonheur* (geluksbrenger). Vooral wanneer er precies dertien bloempjes aan een takje zaten. Misschien dat daar ook de traditie van *les noces de muguet* vandaan komt: ter gelegenheid van hun dertienjarige huwelijk schenken Franse echtelieden elkaar lelietjes-van-dalen.

Karel IX maakte er op 1 mei 1561 een officiële jaarlijkse traditie van om deze bloem ieder jaar op 1 mei aan elkaar te geven. De combinatie met het feest van de arbeid ontstond pas in de twintigste eeuw.

Rond 1 november, *la Toussaint* (Allerheiligen) is het dan de beurt aan de chrysanten, *les chrysanthèmes*. De potten staan ineens overal te koop. Ik kocht er eens een en zette die naast de voordeur, volgens de in Nederland al jarenlang bestaande 'gezellige' herfsttraditie. Fransen kijken daar raar van op. Chrysanten roepen bij hen (en ook bij veel andere Europeanen) een begrafenissfeer op. Het gebruik als decoratieplant komt in Frankrijk niet echt van de grond.

Zeg het met bloemen? In Frankrijk niet zo eenvoudig!

10. Bonne route !

Camping La Pinède ? O là là … non, non … c'est pas par ici ! Faites demi-tour et allez toujours tout droit jusqu'au rond-point. Là vous prenez à droite, c'est la D 5 et après …

Daar sta je dan 'in de middle of nowhere' op het Franse platteland, met je volgeladen auto en ongeduldig wordende kinderen, in een ondraaglijke hitte, doodmoe na een lange reis. Eén ding is zeker, volgend jaar heb je een TomTom! Die man aan wie je de weg vroeg, is wel heel vriendelijk, maar wat zegt ie nou? Twee keer rechtsaf of zoiets …?

Ronde punt ?

De weg vràgen, dat gaat meestal nog wel. Vergeet vooral niet te beginnen met een beleefde inleiding. Wij Nederlanders, *nous n'y allons pas par quatre chemins*, we vallen vaak met de deur in huis. Neem in Frankrijk liever de tijd voor een rustig *Bonjour monsieur/madame, excusez-moi …, s'il vous plaît …, je cherche …* En als het antwoord komt, wees dan voorbereid en ken in ieder geval deze termen uit je hoofd: *A droite* (je hoort een duidelijke 't') is rechtsaf. *Tout droit* (uitgesproken : 'toe droe-a') is rechtdoor. Verder is linksaf *à gauche* en *faire demi-tour* betekent, dat je het precies in de andere richting moet zoeken, omdraaien dus.

Rotonde kun je prachtig op z'n Frans uitspreken. Het bestaat ook wel in het Frans, maar heeft niets te maken met het ronde verkeersplein waar je maar in één richting omheen mag rijden. De Fransen noemen het *le rond-point* en ze hebben er héél véél van. *Tout droit au rond-point* betekent dus dat je op de rotonde rechtdoor moet rijden.

Loslopende dieren!

Nog zo'n valse vriend is de Nederlandse zebra, in de betekenis van oversteekplaats voor voetgangers. Zeg tegen Fransen niet: *prenons le zèbre* – laten we het zebrapad nemen. Ze zouden je *un drôle de zèbre* vinden, een rare snoeshaan. *Le zèbre* is voor de Fransen alléén het op een paard lijkende Afrikaanse savannedier, wit met zwarte strepen (of andersom zo je wilt). De juiste Franse uitdrukking voor zebrapad is *le passage protégé*. En om het even af te maken: een voetganger is *un piéton*. Je hoort er het woord *pied* – voet in.

Geen zebra's dus en ook geen beren op de Franse weg. Maar wél ezels, of liever gezegd ezelsruggen : *un dos d'âne* is een verkeersdrempel, ook wel *un ralentisseur*. En *un pont en dos d'âne* is een boogbrug. Pas op voor deze valse ezelsvriend! De Nederlandse ezels<u>brug</u> is een hulpmiddeltje om iets te onthouden. Dat is in het Frans *un pense-bête*. Maar de Franse *pont aux ânes* is een probleem dat niet echt bestaat, iets wat een klein kind ook kan. Het 'probleem' voor de ezel is dat hij de brug niet durft over te steken; hij kan niet over de boog heen kijken om te zien wat er aan de overkant is.

Voor kruispunt zijn er verschillende woorden: *le croisement, l'intersection* of *le carrefour*. De laatste is meestal groter, met verkeerslichten. Die heten *les feux tricolores*, in de omgangstaal meestal *le feu rouge* genoemd, vergelijkbaar met ons 'stoplicht'. Toen ik eens ergens de weg vroeg, zei men tegen me: *à Carrefour à droite*. Ik vond maar niet wat ik zocht, totdat het me duidelijk werd dat het om de reuze-supermarkt met die naam gaat (meestal gelegen aan de rand van grotere steden). Hetzelfde kan je trouwens overkomen met de naam van een andere supermarkt: Casino. Zoals onze Nederlandse vrienden, die zich met mijn

routebeschrijving in hun hand verwonderd afvroegen hoe zo'n klein dorp nou een casino kon hebben!

Wat wij een (T-)splitsing noemen, is *une fourche* (een vork dus) of *un embranchement*.

Circulez !

Het Franse wegennet is onderverdeeld in *autoroutes, routes nationales* en *routes départementales*. Het is *la route* en de Fransen spreken meestal over *la A6, la N7 of la D30*.

De Franse snelwegen zijn berucht én beroemd. Berucht vanwege de kosten van *le péage* (tol), die bij een langere reis hoog kunnen oplopen. Beroemd om de goede staat van onderhoud en de efficiënte verkeersinformatie op elektronische borden (*panneaux*) boven de weg. Maar dat is dan tegelijk een minpunt: wat betekenen die berichten allemaal? Een paar voorbeelden:

Soyez prudent	let op, wees voorzichtig
Brouillard	mist
Vent fort	harde wind
Chaussée mouillée	nat wegdek
Vitesse limitée	verlaagde maximumsnelheid

Trafic fort/dense komt neer op het Nederlandse 'langzaam rijdend en stilstaand verkeer' net zoals *circulation difficile*. Zie je *Circulation fluide* staan, dan kun je opgelucht ademhalen: het verkeer is 'vloeiend', lekker doorkarren maar! *Une file* voor file klinkt erg logisch natuurlijk. Maar helaas, alweer zo'n valse vriend: *un bouchon* of *un embouteillage* zijn de goede woorden. *La file* bestaat wel, maar betekent rij, bijvoorbeeld *une file d'attente* voor de péage. *Filer* als werkwoord is omgangstaal en betekent oprotten, wegwezen. Hoor je zeggen: *allez, allez, circulez!* dan is dat ook omgangstaal voor 'kom op, rij (loop) eens door!'

Lekker die boete!

Op de Franse snelwegen is de maximumsnelheid 130 km per uur. Er wordt streng gecontroleerd, want Frankrijk is bezig zich te ontdoen van zijn imago als Europees land met de meeste verkeers-slachtoffers. Oeps, te laat! Daar rijdt plotseling een motoragent voor je die je gebaart naar de kant te gaan. *Votre permis* (rijbewijs), *s'il vous plaît. Vous êtes en infraction* (overtreding) *au Code de la route. Vous avez dépassé la limitation de vitesse de dix-sept kilomètres* (u heeft de maximumsnelheid met 17 km/u overschreden). *Ça vous fera une amende* (dat levert u een boete op).

Une amende - boete lijkt erg op *une amande* - amandel en je spreekt het ook hetzelfde uit. Een woordgrapje, om je Franse buren op de camping mee te verbluffen : *Quel est le comble d'un policier ?* - wat is het toppunt van een politie-agent ? *De manger les amendes …*

En nu maar weer snel, maar niet té snel, verder richting zuiden. *La plage? C'est toujours tout droit!*

Een persoonlijke noot

Nadat *Meer sjans met Frans!* was uitgekomen, werd me in interviews en gesprekken met lezers vaak gevraagd of het eigenlijk wel leuk was om in Frankrijk te leven. Want zo aardig zijn de Fransen toch niet? Ze <u>willen</u> ons gewoon niet begrijpen! En ze maken zo'n ongeïnteresseerde indruk. Ze voelen zichzelf superieur. Enzovoort.

Ik heb over dit soort meningen over de Fransen veel nagedacht en ze 'getoetst' aan mijn eigen dagelijkse ervaringen. Keer op keer kom ik tot de conclusie dat de meeste misverstanden tussen Nederlanders en Fransen terug te voeren zijn op een enorme cultuurkloof. Want de meeste Fransen zijn echt wel aardig en ze voelen zich helemaal niet superieur, integendeel.

Fransen leven van oudsher in een erg gesloten cultuur, ze doen en denken Frans en komen weinig in aanraking met andere denkpatronen en levenswijzen. Het is een heel ander volk dan wij Nederlanders, met onze 'ingebakken' handelsgeest, klaar om elke 'hype' die van over de oceaan komt aanwaaien meteen over te nemen. Fransen worden van jongs af aan opgevoed in een strak gareel van hoe het hoort, hoe de Fransen het doen. Meer smaken zijn er niet. Dat blijft hun denkpatroon, thuis, op school, op het werk. In de bijna tien jaar dat ik in Frankrijk woon, heeft men mij zelden iets over mijn moederland gevraagd. Desinteresse? Misschien, maar het is waarschijnlijker dat ze zich gegeneerd voelen, omdat ze zo weinig van andere culturen weten en dat ze bang zijn dom over te komen.

Het respecteren van de privacy is nog zo'n voorbeeld van Franse 'goede manieren' die door Nederlanders gemakkelijk verkeerd worden uitgelegd. Die zogenaamde desinteresse van Fransen is in feite vaak niets anders dan discretie. Je vraagt niet nieuwsgierig naar een ander zijn doen en laten. Het Amerikaanse 'where're you from?' bij elke vluchtige ontmoeting tussen twee volslagen onbekenden is in Frankrijk absoluut 'not done': *ce n'est pas comme il faut*. Bij ons hangt er geen lijst met namen en telefoonnummers van de kinderen uit de klas op de koelkast, zoals ik dat in Nederland wel zie. De school zou zo'n lijst nooit verstrekken en het zou door de ouders ook niet geaccepteerd worden. Niet iedereen hoeft toch te weten waar je woont en wat je telefoonnummer is! Ook het Franse gebruik om de telefoon op te nemen met een onpersoonlijk *allô*, wat ons Nederlanders vaak even in verwarring brengt, heeft rechtstreeks te maken met deze (overdreven?) behoefte aan privacy.

Zo hebben Fransen ook grote moeite met het geven van negatieve kritiek. *C'est le ton qui fait la musique*, de toon waarop je iets zegt is erg belangrijk. Wanneer een Fransman tegen je zegt : *'Vous avez un joli accent, vous êtes de quelle origine?'* heeft hij het misschien inderdaad alleen maar over je 'leuke' accent. Maar het kan ook een vriendelijke manier zijn om je duidelijk te maken dat je daarnet een kanjer van een fout hebt gemaakt. Nederlanders die hun Frans willen verbeteren moeten dus een goed verstaander zijn. Een Fransman zal je nooit direct verbeteren, dat is immers pijnlijk voor je, hooguit zal hij de door jou uitgesproken zin herhalen, maar dan zoals het wél moet. Probeer dit omgekeerd ook maar eens en complimenteer hem met het feit dat hij Engels spreekt (ook al heb je er geen woord van verstaan). Je zult zien dat het wonderen doet! Die terughoudendheid van de Fransen weerhoudt ze er overigens niet van om ook enorm te kunnen schelden, met van drift rood aangelopen hoofden en druk gebarend. Haal je **Louis de Funès** even voor de geest en je weet direct wat ik bedoel ...

En dan is er de taalkloof. Daarmee bedoel ik niet alleen de moeite die de Fransman heeft met ons 'Nederfrans'. Met het voortschrijden van de globalisering, *la mondialisation*, ook in Frankrijk, raakt de Fransman meer en meer gefrustreerd door zijn beperkte talenkennis. Wanneer jij als Nederlander iets niet begrijpt, zal een Fransman je meestal niet te hulp kunnen schieten door middel van een andere taal. Er rest hem niets anders dan het nog maar eens, en nu wat harder, te roepen, in de hoop dat je het dan wel begrijpt. Tja, en dat komt natuurlijk niet zo vriendelijk over ...

Dit alles is uiteraard sterk gegeneraliseerd. Want dé Fransman bestaat volgens mij niet (waar hebben we dat meer gehoord ...?). Bij elk voorbeeld dat ik geef, zul je me direct om de oren kunnen slaan met een ander voorbeeld waaruit het tegendeel blijkt. Ik heb dan ook alleen maar een persoonlijk licht willen werpen op het mysterie dat 'Fransen' heet, gebaseerd op mijn eigen ervaringen in de tien jaar dat ik nu in hun prachtige land woon. Zie mijn bescheiden analyse dan ook slechts als aanzetje om je eigen redenen te bedenken waarom jij de Fransen al hun eigenaardigheden steeds weer graag vergeeft en waarom Frankrijk voor jou *le paradis sur terre* is.

Dank

Op deze plaats wil ik graag een aantal mensen bedanken. Allereerst **Gerjan de Waard** van Scriptum Publishers, voor zijn vertrouwen in mijn gewaagde plan om een Frans taalboek uit te brengen. Ik ben veel dank verschuldigd aan mijn 'Franse taalgeweten' **Jan van Vliet**, die een aantal aanvullingen en verbeteringen voor deze nieuwe uitgave heeft voorgesteld en mij voor de nodige 'taaltuimelaars' heeft behoed. **Peter de Lange** en **Hans van Brakel** hebben mij ook dit keer met hun opmerkingen en verbeteringen zeer geholpen. En natuurlijk bedank ik mijn man en kinderen. Ze zijn erg betrokken bij mijn schrijfprojecten en hebben inmiddels al heel wat 'woordjes voor mama's boekje' aangedragen.

Index

Notities

Notities

Notities

Notities

Colofon

isbn: 978 90 5594 604 4
© Scriptum Publishers

Auteur: Marion Everink
Tekeningen: Djanko
Vormgeving: Annick Blommaert
Druk: Balmedia bv

Scriptum Publishers
Nieuwe Haven 151
3117 AA Schiedam
010 - 427.10.22
info@scriptum.nl
www.scriptum.nl
www.marioneverink.eu